Friedrich II von Preussen

Abhandlung von der preußischen Kriegsverfassung

In den ältesten Zeiten bis zum Ende der Regierung des Königs Friedrich Wilhelm

Friedrich II von Preussen

Abhandlung von der preußischen Kriegsverfassung
In den ältesten Zeiten bis zum Ende der Regierung des Königs Friedrich Wilhelm

ISBN/EAN: 9783743399259

Hergestellt in Europa, USA, Kanada, Australien, Japan

Cover: Foto ©ninafisch / pixelio.de

Manufactured and distributed by brebook publishing software (www.brebook.com)

Friedrich II von Preussen

Abhandlung von der preußischen Kriegsverfassung

Des Königs
von
Preußen
Abhandlung
von der
preußischen Kriegsverfaßung
in den
ältesten Zeiten
bis zu Ende
der
Regierung
des Königs
Friedrich Wilhelms.

Aus dem Französischen übersetzt.

Frankfurt, Leipzig und Augsburg
bey Gottfried Mayer,
1771.

* *
*

Man findet in derjenigen prächtigen Ausgabe der Memoires pour servir á l'histoire de Brandenbourg, welche mit Genehmhaltung des allerdurchlauchtigsten Verfassers im Jahre 1767. veranstaltet worden, eine vorher noch nie gedruckte Abhandlung du Militaire depuis son institution jusqu'à la fin du Regne de Frederic Guillaume.

Der Monarch beschreibt in derselben, wie die Kriegsmacht seines Hauses unter den verschiedenen Churfürsten und Königen stuffenweise derjenigen Vollkommenheit und dem Ansehen sich genähert, welche sie seit dem 1740sten Jahre, das ist, unter seiner Regierung, erlanget hat. Er hat die Urkunden der ältern Zeiten gebrauchet, und folglich Nachrichten geliefert, welche allen andern Schriftstellern unbekannt geblieben sind. Wenn es nicht eben so überflüßig als unschicklich wäre, den Werth der Abhandlungen, die von eines solchen Meisters Hand kommen, anzupreisen: so würde man Gelegenheit nehmen, die unnachahmliche Schreibart und die beygefügte gründliche Urtheile über das, was erzählet wird, nach Würden zu erheben Man darf den Leser aber nur auf die Schrift selbst verweisen.

Da die angeführte Ausgabe wegen ihrer Kostbarkeit nicht in jedermanns Händen sich befindet, und diese neue Abhandlung bishero noch keine Uebersetzer gefunden hatte: so ward ich veranlasset solche zu übernehmen, und ich will nur mit zwey Worten sagen, was ich dabey geleistet habe.

Der erhabene Verfasser machet die Helden älterer und neuerer Zeiten dem Leser bekannt, und nennt die Feldherren, welche unter jeder Regierung vorzüglich gebrauchet worden.

Ich glaubte, daß einer guten Anzahl Leser es nicht gleichgültig seyn wür-

würde, dieselben näher kennen zu lernen, und wessen Ehrgeiz wird nicht gereizt, wenn er tapfere Vorfahren oder Verwandte auf einer glänzenden Laufbahne erblicket?

Ich gieng also sorgfältig meine gesammelte Nachrichten durch, und zeichnete das zu meinem Endzweck dienliche aus Ich gebrauchte alle gedruckte Hülfsmittel neben den schriftlichen, und ich fand endlich, daß der zusammengebrachte Vorrath hinlänglich seyn würde, einen ganzen Band mit den Lebensumständen berühmter Feldherren älterer und neuerer Zeiten zu füllen.

Ich mußte also eine Auswahl treffen, und nur in kurzen Anmerkungen die Vornamen, Würden, und Todestage derjenigen merkwürdigen Personen aufzeichnen, deren der allerdurchlauchtigste Verfasser Erwehnung gethan, und mein Vorhaben, den Leser durch Beyspiele berühmter Feldherren zu unterhalten, auf eine andere Zeit aussetzen.

Man wird vielleicht sagen, daß ich in den Anmerkungen die gedruckte Schriften, in welchen von dem Geschlecht eines jeden, dessen Thaten ꝛc. mehrere Nachricht zu finden, oder meine schriftliche Beweise anführen sollen, allein mit Belesenheit oder Urkunden ein eiteles Gepränge zu machen, ist nicht jedermanns Sache, und auch nicht meine Art.

Ueberhaupt können die Leser von der Wichtigkeit der Abhandlung selbst hinlänglich beschäfftigt, meine Anmerkungen sehr leicht überschlagen, und ich werde mich für hinlänglich belohnt halten, wenn sie meine Uebersetzung getreu finden, und bey einigen unter ihnen die Absicht, denselben durch die Anmerkungen nützlich zu werden, erreichet wird.

Die ersten Churfürsten aus dem Hause Brandenburg unterhielten keine regelmäßige Soldaten. Sie hatten nur eine hundert Mann starke Leibwache zu Pferde, nebst einigen Compagnien Landsknechte, welche in den Schlössern und festen Plätzen vertheilt lagen, und deren Anzahl, nachdem es die Nothwendigkeit erforderte, vermehret, oder verringert ward. Wenn sie einen Krieg befürchteten: so ließen sie mit Einwilligung der Stände ein allgemeines Land Aufboth ergehen. Das ganze Land ward dadurch gleichsam bewaffnet. Der Adel machte die Reuterey, und die in Regiementer getheilte Unterthanen das Fußvolk des Heers aus.

Diese Art Völker zu werben, und Heere zu versammeln, war dazumal durch ganz Europa eingeführt. Die Gallier, die Deutschen und die Britten hatten zu allen Zeiten auf gleiche Weise verfahren, und noch bis izo ist dieser Gebrauch von den Pohlen beybehalten worden, welche den allgemeinen Landesauffitz Pospolite Ruszenie nennen. Die Türken haben so wenig als die Pohlen diese Gewohnheit abgeschaffet. Wenn man dreyßig Tausend beständig unterhaltene Janitscharen ausnimmt: so werden sie niemals einen Krieg führen, ohne daß sie die unter ihrer Bothmäßigkeit stehende Völker von klein Asien, Aegypten, Arabien, und Griechenland bewaffnen.

Wir wollen uns wieder zur brandenburgischen Geschichte wenden. Als der Churfürst Johann Sigismund die Besitznehmung der Jülich und Bergenschen Herrschaft für nahe hielt, aber voraus sahe, daß er genöthiget seyn werde, seine Gerechtsame mit gewaffneter Hand geltend zu machen: so befahl er einen allgemeinen Landesauffitz von sieben hundert und sieben und achtzig

Reu=

Reutern, die sich an dem Versammlungsorte einfanden. Er suchte vier hundert, die am besten gerüstet waren, aus. Die Ritterschaft stellete tausend Fußknechte, ohne die Pikenirer zu rechnen, zu deren Anführer der Obrist von Kracht 1) ernennt ward. Ueber dieses stelleten die Städte zwey tausend und sechs hundert Mann ins Feld. Diese Völker wurden auf Kosten der Stände unterhalten, und gemeiniglich bekamen sie nur drey Monate den Sold, nach Verfließung dieser Zeit gieng jeder nach seiner Heymath zurück. Der Churfürst ernennte die Officiers, und

A 5 so-

---

1) Hildebrand von Kracht, Obrister und Commendant zu Küstrin, starb im Jahre 1639. Man hat die von dem berlinischen Probst, George Lilien, auf ihn gehaltene Leichenpredigt im Druck. Sein Vater Isaac auf Lindenberg und Mahlenichen, chursächsischer und churbrandenburgischer Obrister und Hauptmann der Aemter Zechlin, Witstock und Lindow zeugte ihn mit Eve von List.

sobald die Kriegsrüstung nicht mehr nöthig war, wurden die Völker ganz und gar entlassen.

Während der unruhigen Regierung des Churfürsten George Wilhelms finden wir einige Beyspiele von dieser Art sich zum Kriege zu rüsten.

1620. Bey Gelegenheit des dreyßigjährigen Krieges wurden im Jahre 1620. *) von den Ständen Völker geworben, welche die Erlaubniß bekamen im ganzen Lande zu ihrem

---

*) Siehe Sebalds Chronicke. Der erhabene Verfasser verstehet hier des 1679 verstorbenen berlinischen Inspektors und Predigers, Heinrich Sebalds historischen kurzen Extrakt oder Auszug, darinn zu finden, der Ursprung des Christenthums, wie das in Deutschland mit Mühe aufkommen, die Einführung der Herrschaften, sonderlich aller Markgrafen und Churfürsten des Hauses Brandenburg ꝛc. Wittenberg 1655.

rem Unterhalt Geld zu sammeln. Die Bauern erhielten Befehl ihnen, so oft sie betteln würden, einen Pfenning zu geben, hingegen sie mit Schlägen abzuweisen, wenn sie sich mit dieser Gabe nicht begnügen wollen. Was hatte aber diese lächerliche Anstalt für Folgen? Der Churfürst bekam, an statt der Soldaten, ein Heer Bettler.

Im Jahr 1623. befahl der Hof durch ein öffentliches Ausschreiben, daß alle Unterthanen, nur die Priester und Schöppen ausgenommen, sich mit Waffen und Gepäcke an einem bestimmten Versammlungsorte einfinden sollten, wo durch Abgeordnete die Musterung geschahe. Man suchte aus denselben drey tausend und neun hundert Mann aus, welche in zehn Schwadronen und fünf und zwanzig Compagnien Fußvolk eingetheilet wurden. 1623.

Nach dem Pragerfrieden bewog der Graf von Schwarzenberg 2) den Churfürsten Geor- 1635.

---

2) Adam, des Heil. Röm. Reichs Graf von Schwarzenberg, des Churfür-

George Wilhelm zur Vermehrung der Völker. Sie sollten von den Hülfsgeldern des Kaisers und der Krone Spanien erhalten werden, und nach dem Entwarf dieses Ministers sollten die Völker bis auf fünf und zwanzig tausend Mann vermehret werden.

Diese Werbung geschahe, und die Völker schworen sowohl dem Kaiser, als dem 1638. Churfürsten. Als sie bey Neustadt Eberswalde gemustert wurden, fand man folgende Anzahl.

a) Regimenter zu Fuß.
1. General von Klitzing, 3) 850 Mann stark.

2. Obristens Stadthalter und erster Minister starb 1641. den 4. Merz. 57. Jahr alt.
3) Hans Caspar von Klitzing, war erst General Major, und Obrister eines Regiments zu Fuß in chursächsischen Diensten, trat 1638. in churbrandenburgische, 1642. aber in herzogliche braunschweig lüneburgische Dienste, und starb in letztern 1644. als Generallieutenant.

2. Obrister von Kracht, 4) 960. Mann.
3. Obrister von Burgsdorf, 5) 1300. Mann.
4. Obrister von Dargitz, 700. Mann.
5. Obrister von Volckmann, 700. Mann.
6. Obrister Ditrich von Kracht, 6) 660. Mann.
7. Obrister von Rochow, 7) 980. Mann.

8. Obrist-

---

4) Siehe oben die erste Anmerkung.

5) Conrad von Burgsdorf starb 1652. als Oberkammerherr, Domprobst zu Havelberg und Brandenburg, Johanniterordens Comthur zu Lagow, geheimer Regierungsrath und Kammerrath der Neumark, Obrister, und Obercommendant aller Festungen in der Mark Brandenburg, ohne männliche Erben.

6) Ditrich von Kracht auf Millersdorf, ward von dem Kaiser in den Reichsfreyherrnstand erhoben, und lebte noch 1652.

7) August Moritz von Rochow, war Obrister und Commendant zu Spanbau, und gieng 1641. in kaiserliche

8. Obristlieutenant Minzich, 550. Mann.
9. Obristlieutenant von Waldow auf Kehrsberg 1300. Mann.

b) Reuterey.

1. Obrister Johann von Rochow, 8) 500. Mann.
2. Obrister Ehrenreich von Burgsdorf, 9) 500. Mann.

3. Obrist-

Dienste, ward Generalmajor, auch in den Freyherrenstand erhoben, und mit Anna Margaretha, Reichsgräfin von Hohenzollern vermählt. Er starb 1653.

8) Johann von Rochow, auf Blösa und Stielpe, Kammerherr und Obrister.

9) Conrad Ehrentraut von Burgsdorf, auf Derzow und Zieten starb 1656. als Oberstallmeister, Kammerherr, Gouverneur zu Cüstrin, und des Johanniterordens Comthur zu Supplinburg. Er war ein Bruder von dem in der 5ten Anmerkung angeführten.

3. Obristlieutenant Pothausen, 9 a) 500. Mann.
4. Obristlieutenant Schapelow, 350. Mann.
5. Obristlieutenant von Goldacker, 10) 160. Mann.
6. Obristlieutenant Erichson, 350. Mann.
7. Obristlieutenan Vorhauer, 10a) 190. Mann.

8. Dra-

---

9 a) Caspar von Pothhäusen. Er nahm den 7. Sept. 1650. zuerst Minden für den Churfürsten in Besitz.

10) Hermann von Goldacker war auch Commendant der Festung Peitz. Nach des Churfürsten George Wilhelms Tode ließ ihn der Stadthalter, Marggraf Ernst, nebst den Obristen August Moritz von Rochow und Ditrich von Kracht in Verhaft nehmen, sie entkamen aus selbigem, und giengen alle drey in kaiserliche Dienste.

10 a) Johann von Vorhauer, Erbherr auf Kleindrentzig Schönaiche, Pleße, Beetz, und Wallwitz, ist als Obrister gestorben.

8. Dragoner 350. Mann.

Mithin betrug das Fußvolk 8000. und die Reuterey 2900. Mann.

Klitzing, welcher diese Völker befehligte, ist der erste General, dessen in der Brandenburgischen Geschichte Meldung geschiehet. Die Vermehrung oder Verminderung derselben geschahe, nachdem Zeit und Gelegenheit es erforderten, oder die Mittel dazu vorhanden waren, aber niemals sind sie über eilf tausend Mann gestiegen. George Wilhelm ließ, als er starb, seinem Sohne folgende Regimenter.

1. Fußvolk, die Regimenter

Burgsdorf 11) 800. Mann.

Kracht 12) 600. Mann.

Volkmann 800. Mann.

Trotha 13) 1200 Mann.

Gold-

---

11) Siehe oben die fünfte Anmerkung.

12) Siehe oben die sechste Anmerkung.

13) George Friedrich von Trotha lebte noch 1666. als Generalmajor, geheimer Kriegsrath und Gouverneur von Peitz.

Goldacker 14) 200. Mann.
Reuterey.
Goldacker 900. Mann.
Lütke 15) 600. Mann.
Rochow 16) 1000. Mann.
Mithin 3600. Mann zu Fuß, und 2500. Mann zu Pferd.

Friedrich Wilhelm kam zu einer Zeit an die Regierung, da alle seine Länder sich in einem elenden Zustande befanden. Um seinen von Volk und Geld entblößten Staaten eine Erleichterung zu verschaffen, nahm er eine Abdankung bey seinem Heere vor. Die Reuterey ward gänzlich entlassen, weil sie sich weigerte, den gewöhnlichen Eid

B zu

---

14) Hartmann von Goldacker, schlug 1640. einige Compagnien Schweden im Herzogthum Mecklenburg.

15) Marcus von der Lütke. Dieses Geschlecht ist noch in der Mark Brandenburg ansäßig. Er war noch in der Schlacht bey Fehrbellin als Generalmajor.

16) Siehe oben die achte Anmerkung.

zu schwören, und der Churfürst überließ dem Kaiser, um sich ein Verdienst zu erwerben, zwey tausend Pferde. Er behielt nicht mehr als zwey hundert Mann Reuterey und zwey tausend Mann zu Fuß in Diensten, aus welchen die Regimenter Garde, von Burgsdorf, von Trotha, und von Ribbeck 17) bestunden.

Friedrich Wilhelm war der erste Churfürst, welcher ein Heer, das regelmäßig und in gehöriger Mannszucht gehalten ward, unterhielt. Die Bataillons seines Fußvolks bestunden aus vier Compagnien, jede zu hundert und fünfzig Köpfen, ein drittel des Battaillons war mit Picken bewaffnet, die übrigen mit Flinten. Das Fußvolk trug ordentliche Mondirung und Mäntel. Die Reuter mußten ihr Gewehr und Pferde sich selbst anschaffen. Sie hatten halbe Kuraße,

sechs

---

17) Hanß George von Ribbeck, Obrister und Gouverneur der Feste Spandau, Kammerherr, Erbherr auf Glienecke, Seegefeld, und Dyrotz.

fochten schwadronenweise, und führten oft Geschütz mit sich.

Im Jahr 1653. entstund zwischen dem 1653. Churfürsten und dem Pfalzgrafen von Neuburg wegen der clevischen Erbschaft eine Irrung. Bey dieser Gelegenheit vermehrte der Churfürst seine Völker. Er warb zwey und fünfzig Compagnien Reuterey, und zwey und achtzig Compagnien zu Fuß. Der Graf von Witgenstein 18) trat mit den Regimentern zu Pferde, Witgenstein, Storkau, und Osten, und den Regimentern zu Fuß, von Pißart, von Hanau, und von Maillard in desselben Dienste.

---

18) Johann, des Heil. Röm. Reichs Graf von Sayn und Witgenstein stand bey dem Churfürsten in solchem Ansehen, daß er ihn nicht allein zum Stadthalter von Halberstadt und Minden machte, sondern ihm auch die Herrschaften Lohr und Klettenberg zu Lehn gab. Er starb 1657. den 2ten April im 58sten Jahre.

Nachdem der Churfürst seine Strittigkeiten mit dem Pfalzgrafen beygelegt hatte, dankte er den größesten Theil dieser Völker ab.

1655. Der Krieg, welcher bald darauf zwischen dem Könige Carl Gustav von Schweden, und der Krone Pohlen entstand, gab zu einer neuen Vermehrung Anlaß. Der Churfürst, welcher durch schwedische Hülfsgelder unterstützet ward, wendete die äußerste Kräfte an, ein Heer ins Feld zu stellen. Nach den in dem Archiv befindlichen Nachrichten belief sich die Reuterey auf vierzehn tausend und vier hundert Pferde. Diese Anzahl scheint um vieles zu hoch angegeben zu seyn: unterdessen möchte dieser Umstand doch glaublich seyn, weil man uns die Namen der Anführer und der Regimenter aufbehalten hat. Es sind solches folgende:

1) Die Garde. 2) General Graf von Waldeck 19) 3) General von Kannenberg

---

19) Georg Friedrich, des Heil. Röm. Reichs Fürst von Waldeck, starb als Jo-

berg 20) 4) General Dörfling 21) 5)
Obrist-

hanniterordensmeister, und Generalfeldmarschall in kaiserlichen und der Generalstaaten der vereinigten Niederlande Diensten, Gouverneur zu Mastricht den 19. Nov. 1692. zu Arolsen im 72sten Jahre. In der Schlacht bey Warschau war er 1655 noch in brandenburgischen Diensten, hernach ist er in schwedische, und kaiserliche gegangen.

20) Christoph von Kannenberg, Generallieutenant, geheimer Kriegsrath, Stadthalter von Minden, Obrist eines Regiments zu Pferde, Erbherr auf Krumke, Giensloh, Busch, und Kannenberg, starb 1673. zu Minden, und der Churfürst folgte ihm selbst zu Grabe.

21) George, Reichsfreyherr von Dörfling, ist durch Tapferkeit aus dem bürgerlichen Stande bis zur Generalfeldmarschalls Stelle gestiegen. Er starb den 3. Febr. 1695. als Gene-

Obrist von Lottum 22) 6) Obrist von Spaen, 23) 7) Obrist von Siegen, 8) Obrist

---

ralfeldmarschall, Stadthalter von Hinter Pommern und Cammin, geheimer Kriegsrath, Obrist eines Regiments zu Pferde, Erbherr auf Gusow, Platko, Wulkow, Elßin.

22) Er war aus dem alten clevischeu Geschlecht von Wylich und Lottum, und entweder der Vater oder der Bruder des 1718 verstorbenen Generalfeldmarschalls, Philpp Carls, Reichsgrafens von Lottum. In erstern Fall hieß er Johann Sigmund Wilhelm, in letztern Johann Christoph.

23) Alexander, Reichsfreyherr von Spaen, starb den 23. October 1692. als Generalfeldmarschall, geheimer Kriegsrath, Gouverneur zu Wesel, Oberpräsident aller clevischen Collegien, und Landdrost, Obrister eines Regiments zu Pferde, und eines zu Fuß, Herr zu Cruiswick, Ringenberg, Moy-

8) Obrist von Mannteufel, 24) 9) Obrist von Schenck, 10) Obrist von Wohlrath, 11) Obrist von Strantz, 12) Obrist von Reinau, 13) Obrist von Hall, 14) Obrist von Eller, 25) 15) Obrist von

land, Till, Hamminkeln, Kemmena, Biliven, Nederhagen, Hulshorst.

24) Jacob von Mannteufel, Obrister zu Roß, Erbherr auf Neßin, Griene, Gandelin, Trinicke, starb 1665. ohne Erben, nachdem er Sachsen, Frankreich und zuletzt Brandenburg gedienet. Er ließ Hedwig Marie von Budde, Ernst von Budde, und Emerentie von Wedel Tochter als Wittwe.

25) Wolfgang Ernst von Eller, Erbherr auf Lobach, Bustede, und Kallenhof, Kammerherr, geheimer Rath, Generalwachtmeister, Obrister zu Roß, und zu Fuß, Gouverneur zu Minden und Sparenberg, Landdrost der Grafschaft Ravensberg, lebte noch 1671. und war mit Juliane Scharlotte von

von Quaſt. 26) Dragoner 16) Obriſt Graf von Waldeck, 27) 17) Obriſt von Canitz, 28) 18) Obriſt von Kalk-
ſtein,

Calcum, genannt Leuchtmar vermählt.

26) Albrecht Chriſtoph von Quaſt, ſtarb 1669. als Generalmajor nnd Gouverneur von Spandau, er hatte ſich 1658. und 1659. in dem Feldzuge gegen die Schweden ſehr hervorgethan, und warb in dem Treffen bey Nyborg zweymal verwundet.

27) Joſias, des Heil. Röm. Reichs Graf von Waldeck, von der eiſen-
bergiſchen Linie, trat hernach in braun-
ſchweiglüneburgiſche Dienſte, und ſtarb 1669. den 8ten Auguſt ohne männliche Erben an einer Wunde auf der Inſel Candia, woſelbſt er die braun-
ſchweigiſche Hülfsvölker befehligte.

28) Elias von Canitz, Obriſter und Amtshauptmann zu Balga in Preußen, war mit einer Fink von Finkenſtein

stein, 29) 19) Obrist von Lesgewang, 20) Obrist von Lehndorf, 30) 21) Obrist von Sack, 22) Obrist von Schlieben. 31 a)

Da das Vorhaben des Churfürsten vorzüglich dahin gieng, die Pohlen anzugreifen,

vermählt, und zeugte den nachmaligen Staatsminister Friedrich Wilhelm.

29) Christian Ludwig von Kalkstein, Obrister und Amtshauptmann zu Oletzko in Preußen. 1667. kam er außer Diensten. Von seinem Tode und übrigen Schicksaalen muß man den preußischen Todestempel Theil. I. Seite 16-19. und Ludovici Kalezsteinii mors & fatum nachlesen.

30) Friedrich Wilhelm von Lehndorf, lebte noch 1676. als Generalmajor, und stammte aus dem preußischen Hause, welches Kaiser Leopold in den Reichsgrafenstand erhoben.

31 a) Bodo von Schlieben, starb 1671. als Obrister.

deren größeste Macht in der Reuterey bestehet: so kann es seyn, daß er ihnen gleiche Waffen und ein Heer, das sich bey ihnen Ehrfurcht verschaffen konnte, entgegen setzen wollen. Das Fußvolk bestand aus zehen tausend und sechs hundert Mann in folgenden Regimentern:

1) Garde zu Fuß. 2) General Feldzeugmeister Sparre, 31) 3) Waldeck, 32) 4) Grote, 33) 5) Kalkstein, 6) Klingsporn,

---

31) Otto Christoph, Reichsgraf von Sparre, ist nach dem münsterschen Frieden aus schwedischen in brandenburgische Dienste, hernach in kaiserliche getreten, und als kaiserlicher Generalfeldmarschall 1666. gestorben.

32) Siehe oben die 18te Anmerkung.

33) Vermuthlich Thomas August, welcher als Generallieutenant gestorben.

sporn, 7) Taubenkehr, 8) Gontz, 34) 9) Huth, 35) 10) Ellenberg.

Während des ganzen Krieges, den der Churfürst mit den Schweden in Pohlen führte, befehligte der Graf von Waldeck als Generallieutenant unter ihm die Völker.

Ein Theil dieses Heers folgte dem Churfürsten nach Pohlen, die übrigen wurden in die brandenburgische Staaten vertheilet.

Nachdem Friedrich Wilhelm mit den Pohlen Frieden geschlossen, eilte er dem Könige von Dännemark, den Carl Gustav in Koppenhagen belagerte, zu Hülfe, und gieng in eigener Person an der Spitze von vier tausend Mann zu Fuß, und zwölf tausend

---

34) Adolf von Gontz, ist als Generallieutenant und Commendant zu Berlin gestorben.

35) Bernhard von Hutten, starb 1698. den 15ten Junius als Generalmajor und Commendant zu Magdeburg.

send zu Pferde, von welchen letztern die Helfte kaiserliche Küraßierer waren, ins Holsteinische.

Bald darauf, als der Friede zu Oliva geschlossen worden, nahm der Churfürst eine abermalige Abdankung bey dem Heere vor, sie war aber nicht erheblich. Er hatte nachhero eine gute Anzahl von Generals in Diensten, welches wohl beweiset, daß er eine verhältnißmäßige Anzahl von Völkern gehabt. Der Feldmarschall Sparre, 36) war der erste, welcher diese Würde in brandenburgischen Dienste bekleidet. Die übrigen Generals, welche er in Diensten hatte, waren folgende:

General Feldzeugmeister Dörfling, 37) Generallieutenants, Fürst Johann George von Anhalt, 38) Graf von Dohna,

---

36) Siehe die dreyßigste Anmerkung.

37) Siehe die zwanzigste Anmerkung.

38) Johann George des Heil. Röm. Reichs Fürst von Anhalt Deßau,

Dohna, 39) von Rannenberg, 40) von der Golze, 41) Generalmajor von Pfuhl, 42) von

starb den 19. August 1693. als Generalfeldmarschall , und Obrist eines Küraßier und eines Regiments Fußvolk. Er war der Vater eines großen Sohns, nämlich Leopolds, der 1747. als Generalfeldmarschall gestorben.

39) Christian Albert, Reichsgraf von Dohna, starb den 14ten September 1677. als Generalfeldzeugmeister.

40) Siehe die neunzehnte Anmerkung.

41) Joachim Rüdiger, Freyherr von der Golze, kam aus französischen Diensten, ward General des Fußvolks in preußischen 1675. dänischer, und 1680. chursächsischer Feldmarschall. Bey dem Entsatz von Wien befehligte er die sächsische Völker, und starb im September 1683. zu Dreßden.

42) George Adam von Pfuhl, aus dem Hause Bartzin, Generalmajor und Hauptmann der Festung und des Amts Spandau, lebte noch 1671. Seine

von Baer, von Goergke, 43) von Quast, 44) von Ellerk, 45) von Spaen, 46) von Trotha. 47)

Als

Gemahlin war Margarethe von Stoisslaf aus dem Hause Panckelow. Der Feldmarschall Heino Heinrich von Flemming war sein Schwiegersohn.

43) Joachim Ernst von Goergke, starb zu Küstrin den 27sten Merz 1682. im 72sten Jahre als Generallieutenant der Reuterey, Gouverneur von Küstrin, Obrister zu Roß und zu Fuß, Erbherr auf Friedensdorf, Bollersdorf, und Künitz.

44) Siehe oben die fünf und zwanzigste Anmerkung.

45) Siehe die vier und zwanzigste Anmerkung.

46) Siehe die zwey und zwanzigste Anmerkung.

47) Siehe oben die dreyzehente Anmerkung.

Als der Krieg im Jahr 1672. den Anfang nahm, unterhielt der Churfürst drey und zwanzig tausend fünf hundert zwey und sechszig Mann. Das Heer, welches er dem Kaiser zu Hülfe nach Elsaß führte, bestand aus achtzehen tausend Mann, er vermehrte nach diesem seine Völker bis auf sechs und zwanzig tausend Mann, und bediente sich derselben in den glorreichen Feldzügen in Pommern, welches er eroberte, und in Preußen, aus welchem Lande er die Schweden vertrieb.

Als Friedrich Wilhelm zur Regierung 1672. kam, wurden die Völker unrichtig bezahlet, und schlecht verpfleget. Diese Art von Unordnung dauerte bis zum Jahr 1676, da 1676. Grumkow, 48) als Finanzminister, die Accise

---

48) Joachim Ernst von Grumkow, ein Vater des 1738. verstorbenen Generalfeldmarschalls Friedrich Wilhelms, starb 1690. den 26. December als geheimer Staatsrath, Oberhofmarschall, General Kriegscommißarius, und

— se in den Städten einführte diese beständige und gewisse Einnahme ward der Kriegscasse angewiesen, die Gemeinen bey dem Fußvolk bekamen anderthalb Thaler monatlich, und die Besoldung der Officiers war sehr klein. Während des Krieges in Pohlen und desjenigen, welcher 1672. den Anfang nahm, unterhielt der Churfürst seine Völker bald mit schwedischen, bald mit kaiserlichen, spanischen, und französischen Hülfsgeldern. Nachdem er aber 1676. durch Einführung der Accise seine Einkünfte vermehret, das Herzogthum Magdeburg in Besitz genommen, und seine Länder sich unvermerkt von dem in dem dreyßigjährigen Kriege ausgestandenen Ungemach erholeten; so gaben alle diese Mittel ihm durch eine gute Verwaltung die Kräfte selbst ein ansehnliches Heer zu unterhalten.

1688. Als er starb, bestand dasselbe in folgenden Feldregimentern:

a) Fuß-

Schloßgesessener auf Lupow, Runow, Grumkow, und Wangersk.

a) Fußvolk.
1. Garde 6. Battaillons.
2. Churfürstin 2. Batt.
3. Churprinz 2. Batt.
4. Prinz 49) Philipp 2. Batt.
5. Fürst von Anhalt 50) 2. Batt.
6. Dörfling 51) 2. Batt.
7. Holstein 52) 2. Batt.

8.

---

49) Philipp Wilhelm, Marggraf von Brandenburg starb 1711. den 19. December als Generalfeldzeugmeister und Obrist eines Regiments zu Fuß und eines zu Pferde.

50) Siehe oben die acht und dreyßigste Anmerkung.

51) Siehe oben die ein und zwanzigste Anmerkung.

52) August, Herzog von Holstein Ploen, starb 1689. den 16ten September in der Belagerung von Bonn als Generallieutenant und Gouverneur von Magdeburg.

8. Spaen 53) 2. Batt.
9. Doenhof 54) 2. Batt.
10. Barfuß 55) 2. Batt.
11. Ziethen 56) 2. Batt.
12. Curland 57) 2. Batt.

13.

---

53) Siehe oben die drey und zwanzigste Anmerkung.

54) Friedrich Reichsgraf von Doenhoff, Oberkammerherr, Generallieutenant, Obrist eines Regiments zu Fuß, Gouverneur zu Memel starb den 16ten Februar 1696.

55) Johann Albert, Reichsgraf von Barfuß, starb den 27sten December 1704. als Generalfeldmarschall.

56) Johann von Ziethen, ist als Generalmajor, Gouverneur von Minden, Obrist eines Regiments zu Fuß, und Erbherr zu Trebnitz gestorben. Er war ein Schwiegersohn des Generalfeldmarschalls von Dörfling.

57) Ferdinand Prinz von Curland, damaliger Obrister, ist als Herzog von

13. Belling 58) 2. Batt.
14. Varenne 59) 2. Batt.
15. Pölnitz 60) 2. Batt.
16. Courneaud 61) 1. Batt.

17.

Curland den 4ten May 1737. gestorben.

58) Johann George von Belling, ward als Generalmajor 1689. in der Belagerung von Bonn verwundet, und starb an der Wunde.

59) Der Marquis von Varenne kam 1683. aus Frankreich nach Berlin, und ist als Generallieutenant und Gouverneur von Peitz in hohem Alter verstorben. Er war aus Champagne gebürtig.

60) Gerhard Bernhard, Reichsfreyherr von Poelnitz, starb 1689. als Generalmajor und Oberstallmeister.

61) Der Generalmajor von Courneaud kam nach Aufhebung der Gewissensfreyheit aus Frankreich nach Berlin, führte eine Zeitlang die preußische Völ-

17. Briquemaur 62) 1. Batt.
Zusammen 35. Battallions.

Reuterey.
1. Gardes du Corps 12. Schwadronen.
2. Grands Mousquetaires 2. Schw.
3. Grenadiers zu Pferde 1. Schw.
4. Leibregiment 3. Schw.
5. Churprinz 3. Schw.
6. Anhalt 63) 3. Schw.
7. Dörfling 64) 3. Schw.

8.

---

ker in Italien an, und war aus Guyenne gebürtig. Er lebte noch 1704.

62) Der Generallieutenant von Briquemaur war aus Paris gebürtig, kam mit den übrigen aus Frankreich wegen aufgehobener Gewißensfreyheit gegangenen nach Berlin, ward Gouverneur zu Lipstadt, und starb 1689.

63) Siehe oben die acht und dreyßigste Anmerkung.

64) Siehe oben die ein und zwanzigste Anmerkung.

8. Spaen 65) 3. Schw.
9. Briquemaur 66) 3. Schw.
10. Lüttwitz 67) 3. Schw.
11. Du Hamel 68) 3. Schw.
12. Prinz Heinrich 69) von Sachsen. 3. Schwadronen.

---

65) Siehe oben die drey und zwanzigste Anmerkung.

66) Siehe die zwey und sechzigste Anmerkung.

67) George Wilhelm von Lüttwitz, lebte noch 1696. als Generalmajor und Hauptmann zu preußisch Holland.

68) Franz du Hamel stieg bis zur Generallieutenantsstelle, bekam den schwarzen Adlerorden, gieng 1702. in venetianische Dienste, und starb 1705. auf der Insel Morea, liegt zu Berlin in der reformirten Parochialkirche begraben.

69) Heinrich, Herzog von Sachsen Barby, war Obrister, ward Domprobst zu Magdeburg, starb zu Barby 1728. den 16ten Februar 71. Jahr alt.

Ueberhaupt 32. Schwadronen.
Dragoner:
Leibregiment 4. Schwadronen.
Dörfling 69 a) 4. Schw.
Ueberhaupt 8. Schwadronen.

Außer dieser Anzahl Völker unterhielt er besondere nur zu den Besatzungen gebrauchte Compagnien, und lagen in Memel 3, in Colberg 4, in Küstrin 4, in Spandau 4, in Peitz 3, in Friedrichsburg eine und in Frankfurt eine Compagnie.

Während der Regierung des Churfürstens bestunden die Battaillons aus vier Compagnien, und jede Compagnie aus hundert und fünfzig Mann. Nach dieser Rechnung betrug jedes Battaillon sechs hundert Köpfe, die Feldregimenter zu Fuß ein und zwanzig tausend Mann, die Besatzungsvölker zwey tausend sieben hundert, die Reuterey, jede Schwadron zu hundert und zwanzig Köpfen gerechnet, vier tausen und acht hundert, folg-

---

69 a) Siehe eben die ein und zwanzigste Anmerkung.

folglich das ganze Heer acht und zwanzig tausend und fünf hundert Mann. Das Fußvolk fochte damals in fünf oder sechs Gliedern, die Pickenierer machten den dritten Theil eines Battaillons aus. Die übrigen waren mit Musketen nach teutscher Art bewaffnet.

Obgleich das Fußvolk ziemlich schlecht gekleidet war: so hatte es doch außer der Mondierung lange Mäntel, welche zusammengerollet und über die Schultern geschlagen waren, ungefehr auf die Art wie die alte Bildsäulen um die römische Consulares vorstellen. Als der Churfürst die berühmte Winterunternehmung in Preußen ausführte, ließ er dem ganzen Fußvolke halb Stiefeln austheilen.

Seine Reuterey hatte noch völlig die alte Rüstung, sie konnte gar in keiner Mannszucht gehalten werden, weil jeder Reuter sich mit der Kleidung, Pferden, und Waffen versahe, daraus für den ganzen Haufen eine wunderliche Vielheit der Farben entstand. Es scheint, daß Friedrich Wilhelm seine

Reuterey dem Fußvolke vorgezogen habe, er focht an der Spitze der erstern in den Schlachten bey Warschau und Fehrbellin, und er hatte so viel Zutrauen auf dieselbe, daß, wie man öfters in seiner Geschichte findet, sie Geschütz mit sich führte. Es ist ganz klar, daß diese vorzügliche Gunst nicht ohne Ursachen gewesen, denn der Churfürst hatte seine Staaten, welche gröstentheils eben sind, in Betrachtung gezogen, demnächst bestanden die Völker seiner Nachbarn, vornehmlich der Pohlen, grösten theils in Reuterey, und er zog also die Reuterey, weil derselben Gebrauch allgegemeiner war, seinem Fußvolke vor.

Zu Friedrich Wilhelms Zeiten legte man keine Vorrathshäuser an. Das Land, in welchem Krieg geführt ward, unterhielt die Völker, sowohl in Ansehung des Soldes, als der Lebensmittel. Man lagerte sich nicht eher, als bis der Feind sich näherte, und man einen Angriff thun konnte oder wollte. Aus diesen Ursachen verließ man das Land, wenn es ausgezehret war. Die herum streifende Heere verwüsteten eine Landschaft nach der

der andern, und die Kriege waren von desto längerer Dauer, weil die Heere nicht zahlreich, ihr Unterhalt wenig kostbar, und die Verlängerung des Krieges für die Befehlshaber der Völker ein Mittel sich zu bereichern war.

Unter den Feldherren des Churfürsten waren der alte Dörfling und der Fürst Johann George von Anhalt die berühmtesten.

Wenn man dem Rath des Fürsten von Anhalt 70) im Jahr 1673. gefolget hätte: so würde der Churfürst den Turenne angegriffen, und ihn vielleicht geschlagen haben.

---

70) Der erhabene Verfasser meynet die Gelegenheit, welche sich bey Soest in Westphalen ereignete, den noch nicht sehr verschanzten Marschall von Turenne anzugreifen. Die übrige churfürstliche Generals waren nebst dem kaiserlichen Feldherren Bournonville andrer Meynung.

Man hielt den Fürsten von Anhalt für einen klugen und den Dörfling für einen mehr wagenden Feldherrn. Der letztere leistete seinem Herren bey dem Ueberfall von Rathenau, bey der Verfolgung der Schweden nach der Schlacht von Fehrbellin, und durch Beschleunigung des außerordentlich geschwinden Zuges der Völker bey der Unternehmung in Preußen sehr gute Dienste. Nach dem Dörfling waren die angesehnsten Generals Görtzke, 71) welcher die Schweden in Preußen bey Splitter überfiel, und Treffenfeld, 72) der sie gänzlich aus diesem Herzogthum vertrieb.

Die

---

71) Im Jenner 1679. Von diesem Feldherren handelt oben die drey und vierzigste Anmerkung.

72) Treffenfeld hieß eigentlich Henning, unterschied sich in dem Treffen bey Fehrbellin, wo ihn der Churfürst unter dem Namen von Treffenfeld adelte. Nach dem Gefechte bey Splitter machte er ihn zum Generalmajor.

Die Kunst, Plätze regelmäßig zu befestigen, sie anzugreifen und zu vertheidigen, war völlig unbekannt, der Churfürst hatte nicht einmal einen mittelmäßigen Ingenieur. Er hielt sich sechs Monate vor Stettin auf, uneracht tet dieser Platz in sehr schlechtem Zustande war. Stralsund nahm er ein, weil er es durch seine Bomben in Brand steckte. Die Werke, mit welchen er die Mauern von Berlin umgab, waren schlecht gebauet, sie hatten lange Courtinen, und Bollwerke mit platten Facen, so daß kein Werk das andere bestreichen konnte.

Es gehet mit dem Kriege, wie mit den übrigen Künsten. Man bringt die Kriegs- kunst nicht auf einmal zur Vollkommenheit, und es ist genug, daß in der Stellungskunst der Churfürst Beyspiele hinterlassen hat, welche zu allen Zeiten den geschicktesten Feldherren zum Unterricht dienen werden.

Unter der Regierung Friedrichs, des ersten Königs in Preußen, sind häufige Vermehrungen und Abdankungen bey dem Heere vorgefallen. Die auswärtige Hülfsgelder waren

ren das Wetterglas, welches nachdem sie eingiengen, die bald stärkere, bald geringere Anzahl der Völker bestimmte.

1688. Nach dem Tode Friedrich Wilhelms ward eine Vermehrung vorgenommmen. Die Battaillons wurden auf fünf Compagnien gesetzet, und fünf neue Battaillons angeworben. Nämlich zwey von Lottum, 73) zwey von Schomberg, 74) und eins von Sydow,

---

73) Im Jahr 1689. ward für den aus holländischen Diensten gekommenen General, Philipp Carl, Reichsgrafen von Lottum, der 1718 den 24sten Februar als Generalfeldmarschall gestorben, ein neues Regiment errichtet, dazu das Regiment Varenne acht schwache Compagnien abgeben mußte.

74) Im Jahr 1688. ward aus den Regimentern Churfürstinn und Alt Holstein für den Grafen Carl von Schomberg, der als General 1693. in der Schlacht bey Marsailles geblieben, ein neues Regiment errichtet.

dow, 75) die Reuterey ward mit neunzehn Schwadronen vermehrt, als zwey Garde du Corps, 76) drey Bayreuth, 77) drey

---

75) Im Jahre 1693. ward aus dem Regimente Lottum ein neues Battaillon errichtet, das der Obrist Balthasar Friedrich von Sydow erhielt, welcher als Generallieutenant und Gouverneur von Küstrin 1733. in einem Alter von 81. Jahren verstorben.

76) Der Obrist, Dubislaf Gneomar von Ratzmer, der 1739. als Feldmarschall gestorben, errichtete die Deutsche Grand Musquetairs, aus welchen nachhero die Gens d'armes wurden, und der Obristwachtmeister Thomas August von Groen, eine Schwadron Garde du Corps im Halberstädtischen.

77) 1689. und 1690. ward für den Marggrafen Christian Ernst von Brandenburg Bayreuth, welcher 1712. den 10ten May gestorben, aus meklenburgischen, bayreuthischen, und neuge-

drey Schöning, 78) vier Anspach, 79) vier Sonßfeld, 80) vier Brandt. 81)

Im

---

worbenen Völkern ein neues Küraßierregiment errichtet.

78) Aus ganzen Compagnien der Regimenter Churprinz, Anhalt, Dewitz, Lütwitz, und Flemming ward 1691. ein Reuterregiment von 3. Schwadronen oder sechs Compagnien für den Obersten von Schöning, errichtet.

79) George Friedrich, regierender Marggraf von Brandenburg Anspach überließ einige Compagnien in brandenburgische Dienste, aus welchen sowohl als neugeworbenen 1690. ein Dragonerregiment errichtet ward, das den Namen Anspach bekam.

80) Friedrich Wilhelm, Reichsfreyherr von Sonßfeld zu Wittenhorst, welcher im May 1711. als Generallieutenant und Ritter des schwarzen Adlers gestorben, errichtete als damaliger Schloßhauptmann ein Drago-

Im Jahr darauf nämlich 1689. giengen zehn Battaillons und sechs Schwadronen in Dienste der Generalstaaten.

Nach dem ryswickischen Frieden wurden 1697. die Battaillons auf vier Compagnien, und die Compagnien auf achzig Mann vermindert, dergestalt daß achzig Compagnien sowohl Reuterey als Fußvolk abgedanket wurden. Im Jahr 1699. wurden die Battaillons wieder auf fünf Compagnien vermehret, und 1702. die Regimenter, Albrecht, 82)

1699.
1702.

Da-

---

nerregiment von acht Compagnien in Preußen in den Jahren 1689. und 1690. dazu einige Freycompagnien von Perband gestoßen wurden.

81) Der Obrist Paul von Brand, welcher als Generalmajor, Obrist eines Dragonerregiments, Commendant von Driesen, und Erbherr auf Wutzig, Granow, und Pollichnoch gestorben, errichtete dieses Regiment 1692. aus verschiedenen andern Reuter und Dragonerregimentern.

82) Albrecht Friedrich, Marggraf von Brandenburg, des Königs

Varenne, 83) Schlabberndorf, 84) Anhalt Zerbst, 85) und Sydow 86) auf zwölf Compagnien gesetzet, welche sogleich den Generalstaaten der vereinigten Niederlande in Sold überlassen wurden, und während des gan-

---

Fridrichs des ersten Bruder, starb als Johanniter Ordensmeister und Generallieutenant 1731. Das Regiment ward 1702. erwählet und auch in eben dem Jahre auf zwölf Compagnien, jede zu 53. Mann, nach holländischem Fuß gesetzet, und dieses geschahe auch mit den übrigen vier Regimentern.

83) Siehe oben die neun und fünfzigste Anmerkung.

84) Otto, Reichsfreyherr von Schlabberndorf, welcher 1721. den achtzehnten Jenner als General des Fußvolks und Gouverneur von Küstrin verstorben.

85) Anton Günther, Prinz von Anhalt Zerbst, starb als Generallieutenant den zehnten December 1714.

86) Siehe oben die fünf und siebenzigste Anmerkung.

ganzen spanischen Erbfolge Krieges in selbigem blieben.

1704. und 1705. setzte der König alle Kü-1704. raßierregimenter auf drey, und die Dragoner-regimenter auf vier Schwadronen.

Bey dem Tode dieses Prinzen bestand das 1713. Heer aus folgenden Regimentern:

a) Fußvolk.
1) Weise Garde. 2. Battaillons.
2. Garde. 3. Batt.
3. Cronprinz. 4. Batt.
4. Marggraf Albrecht. 87) 2. Batt.
5. Marggraf Ludwig. 88) 2. Batt.
6. Anhalt. 89) 2. Batt.

D 7.

---

87) Siehe die zwey und achtzigste Anmerkung.

88) Christian Ludwig, Markgraf von Brandenburg, des Königs Friedrichs des ersten Bruder starb 1734. den dritten September als Generallieutenant und Domprobst zu Halberstadt.

89) Leopold, regierender Fürst von Anhalt Dessau, starb den 7ten April 1747. als ältester Generalfeldmarschall, Rit-

7. Holstein. 90) 2. Batt.
8. Lottum. 91) 2. Batt.
9. Dohna. 92) 2. Batt.

10.

ter des schwarzen Adlerordens, und Gouverneur zu Magdeburg.

90) Ludwig Friedrich, Herzog von Holstein Beck, starb den 13ten Merz 1728. als Generalfeldmarschall, Ritter des schwarzen Adler=und Elephantenordens, Sadthalter in Preußen, Gouverneur von Königsberg und Minden, Amts=hauptmann zu Brandenburg.

91) Siehe oben die drey und siebenzigste Anmerkung.

92) Alexander, des heiligen römischen Reichs Burggraf und Graf zu Dohna Schlobitten starb den 25sten Februar 1728. als Generalfeldmarschall. Er war Oberhofmeister des Cronprinzens, und nachmaligen Königs Friedrich Wilhelms.

10. Erbprinz von Hessenkassel. 93) 1. Batt.
11. Jung Dohna. 94) 2. Batt.
12. Arnim. 95) 2. Batt.
13. Doenhof. 96) 2 Batt.

---

93) Friedrich, Erbprinz von Hessencassel, welcher 1751. den 5ten April als König von Schweden gestorben.

94) Christoph, des heiligen römischen Reichs Burggraf und Graf zu Dohna, starb den 11ten October 1733. als General des Fußvolks, Ritter des schwarzen Adlerordens. Er war auch 1711. Gesandter bey der Kaiserwahl.

95) George Abraham von Arnim starb den 19ten May 1734. als Generalfeldmarschall und Ritter des schwarzen Adlerordens in einem hohen Alter.

96) Otto Magnus, Reichsgraf von Doenhof, würklicher Staatsminister und Kriegsrath, Generallieutenant, Gouverneur zu Memel, Ritter des schwarzen Adlerordens, Erbherr auf Friedrichstein, Hohenhagen, Schönnohr ꝛc. starb den 17ten December 1717.

14. Oranien. 97) 2. Batt.
15. Varenne. 98) 1. Batt.
16. Du Trousel. 99) 1. Batt.
17. Grumkow. 100) 1. Batt.

18.

---

97) Dieses Regiment hatte noch den Namen von dem 1708. den 13ten May verstorbenen Enkel des Königs Friedrich Ludwigs, Prinzens von Oranien. Es war aber der Generalmajor, Albert Conrad Reichsgraf von Finkenstein Inhaber, dessen Namen es auch von 1713. an führte. Dieser starb als Generalfeldmarschall den 16ten December 1735.

98) Siehe oben die sechszigste Anmerkung.

99) Stephan Du Trousel starb 1714. als Generallieutenant zu Aachen.

100) Friedrich Wilhelm von Grumkow, des rußischen Andreas Ordensritter, Generalfeldmarschall, geheimer Staatsminister ꝛc. starb den 18ten Merz 1739.

18. Truchſeß. 101.) 1. Batt.
19. Heyden. 102) 1. Batt.
20. Marggraf Heinrich. 103) 2. Batt.

---

101) Joachim Heinrich, des heiligen römiſchen Reichs Truchſeß Graf zu Waldburg, ſtarb als Generallieutenant und Amtshauptmann von Angerburg den 14ten Oktober 1718.

102) Johann Sigmund, Reichsfreyherr von Heyden, iſt als General des Fußvolks, Ritter des ſchwarzen Adler- und Johanniterordens, Gouverneur zu Weſel auf ſeinem Gute Otmarſum bey Deventer im Februar 1730. im 77ſten Jahre ſeines Alters verſtorben.

103) Fridrich Heinrich, Marggraf von Brandenburg iſt der einzige Inhaber eines Regiments zu Fuß, der noch von Friedrichs des erſten Zeiten lebet. Er hat aber jetzo ein anderes Regiment, iſt Domprobſt zu Halberſtadt, Generalmajor, Ritter des ſchwarzen Adlerordens.

21. Anhalt Zerbſt. 104) 1. Batt.
Ueberhaupt 38. Battaillons.

Reuterey
1. Garde du Corps 4. Schwadronen.
2. Gens d' Armes 1. Schw.
3. Leibregiment 3 Schw.
4. Cronprinz 3. Schw.
5. Marggraf Friedrich 105) 3. Schw.
6. Wartensleben 106) 3 Schw.

7.

---

104) Siehe oben die fünf und achtzigſte Anmerkung.

105) Friedrich Wilhelm, Marggraf von Brandenburg Schwedt iſt noch der einzige Inhaber eines Reuterregiments, der von Königs Friedrich des erſten Zeiten an lebet. Er iſt Generallieutenant und Ritter des ſchwarzen Adlerordens.

106) Alexander Herrmann, Reichsgraf von Wartensleben, ſtarb 1734. den 26ſten Jenner zu Berlin als Generalfeldmarſchall, geheimer Kriegsrath, Gouverneur zu Berlin, Ritter des ſchwarzen Adlerordens.

7. Heyden 107) 3. Schw.
8. Schlippenbach 108) 3. Schw.
9. Bayreuth 109) 3. Schw.
10. Katt 110) 3. Schwadronen.

---

107) Johann Sigmund Wilhelm, Reichsfreyherr von Heyden, Herr zu Bruch, Rhade, Lichtenvörde, Oedendael, Cleef, ꝛc. ist als General der Reuterey, Gouverneur zu Lipstadt, Drost zu Wetter gestorben. Er war 1688. Hofmeister des Marggrafen Albrechts.

108) Carl Friedrich, Graf von Schlippenbach, Graf zu Skösda, Freyherr zu Kiupula, Herr zu Schönermark und Wollin; General der Reuterey, Gouverneur zu Colberg, Amtshauptmann zu Egeln, starb zu Colberg den 9ten Jenner 1723.

109) Siehe oben die sieben und siebenzigste Anmerkung.

110) Hanß Heinrich, Graf von Katt, ist 1741. den 30sten May als Generalfeldmarschall, Ritter des schwarzen Adlerordens, Gouverneur von Colberg, Amtshauptmann zu Lehnin verstorben.

Ueberhaupt 29. Schwadronen.
Dragoner.
1. Leibregiment. 4. Schwadronen.
2. Marggraf Albrecht. 111) 4. Schw.
3. Anspach 112) 4. Schw.
4. Dörfling 113) 4. Schw.
5. Pannewitz 114. 4. Schw.
6. Von der Albe. 115) 4. Schw.
Ueberhaupt 24. Schwadronen.
An Garnisoncompagnien 18.

Dieses

---

111) Siehe oben die zwey und achtzigste Anmerkung.

112) Siehe oben die neun und siebenzigste Anmerkung.

113) Friedrich, Reichsfreyherr von Dörfling der einzige Sohn des großen Dörflings starb 1724. den 29. Jenner zu Gusow auf seinem Gute als Generallieutenant.

114) Rudolf von Pannewitz, ist als Generallieutenant gestorben, und hat sich 1715 auf der Insel Usedom gegen die Schweden hervorgethan.

115) Der Herr von der Albe ist als Generallieutenant gestorben, und liegt im Dom zu Halberstadt begraben.

Dieses ganze Heer mochte dreyßig tausend Mann ausmachen.

Zu Anfang dieses Jahrhunderts ward der Gebrauch der Picken abgeschaffet, und man bediente sich statt derselben der spanischen Reuter. Die Picken konnten zu nichts anders gebraucht werden, als das Fußvolk gegen die Reuterey zu vertheidigen. In Belagerungen, in den Verschantzungen, und bey hundert ähnlichen Gelegenheiten schafften die Pickenirer keinen Nutzen. Die alten Officierer ließen sehr ungern diese Art von Gewehr abschaffen, für welche sie ein auf den langen Gebrauch gegründetes Vorurtheil hatten. Da aber die Kriegskunst durch die Länge der Zeit immer vollkommener gemachet wird: so schaffte man auch den Gebrauch der Musqueten ab, weil die Lunten oft durch den Regen ausgelöschet wurden, und führte dagegen die Flinten ein.

Unter der Regierung Friedrichs des ersten ward eine bessere Mannszucht eingeführet. Und die Völker wurden in Italien und Flandern in dem Kriegshandwerke stärker gema-

gemachet. Die Officierer, welche in Flandern dienten, lerneten es von den Holländern, diese waren damals unsere Lehrmeister, und man ahmte die große Reinlichkeit nach, von welcher die großbritannische Völ-Völker ein Beyspiel gaben.

Der Marggraf Philipp, 116) Generalfeldzeugmeister, war der erste, welcher auf die Größe der Mannschaft sein Augenmerk richtete. Die Grenadiers seines Regiments hatten eine mehr als gewöhnliche Größe.

Der Fürst von Anhalt folgte diesem Beyspiel, wie auch der Kronpinz. Seit dieser Zeit wählten die Officiers diejenigen Leute, welche sie zu Kriegsdiensten nahmen, und suchten nur große, starke, und daurhafte Mannschaft aus.

Alle Völker trugen Mondirung, diejenigen, welche unter der Reuterey Dienste verlangten, muß-

---

116) Siehe oben die Neun und vierzigste Anmerkung.

muſten zwar Geld geben, um dazu zu gelangen, ſie wurden aber doch auf Koſten der Krone gekleidet, und mit Gewehr verſehen.

Das Fußvolk mußte im Kriege außerordentlich viel tragen, nemlich außer ihrem Gewehr und Mantel ihre Zelter, Brodſäcke, und ſpaniſche Reuter. Sie fochten noch in vier Gliedern.

Der Fürſt von Anhalt, welcher unter dem Prinzen Eugen in Italien, Flandern, und dem Reich gedienet, hatte eine gründliche Wiſſenſchaft in der Kriegskunſt erlanget. Er befehligte oft, wie aus der Geſchichte bekannt iſt, die preußiſche Hülfsvölker. Er ließ von denſelben eine ſtrenge Mannszucht beobachten, und da er ohne Nachſicht auf die Befolgung der Befehle der Obern durch die Untern hielte: ſo brachte er den großen Punkt des Gehorſams zur Vollkommenheit, der die größeſte Stärke eines Heeres ausmachet. Da er aber ſeine Aufmerkſamkeit vorzüglich auf das Fußvolk richtete: ſo ward hingegen die Reuterey ſehr vernachläßiget.

Durch

Durch so viele Officierer, welche in einem Lande Krieg führten, wo man nichts that, als feste Plätze angreifen und vertheidigen, ward endlich die Befestigungskunst bey uns eingeführet. Viele erlangten so viel Einsicht darinn, daß sie in den Angriffen und Laufgräben befehligen, oder eine belagerte Festung vertheidigen konnten.

Friedrich der Erste ließ Magdeburg und Wesel nach Vauban und Coehorns Anweisung befestigen. Er hatte den Commendanten von Magdeburg, Schöning, 117) welcher diesen Theil der Kriegskunst wohl verstund, und den Bodt 118) in Diensten, wel-

---

117) Hanß Adam von Schöning starb den 28. August 1696. als chursächsischer Generalfeldmarschall. 1690. trat er aus brandenburgischen in sächsische Dienste. In seinem gedruckten Ehrengedächtniß findet man nicht, daß er Commendant zu Magdeburg gewesen.

118) Johann von Bodt war ein reformierter Franzose, und aus Languedoc

welchen letztern man aber beschuldigte, daß er mehr ein geschickter Mauermeister als kluger Festungsbaumeister sey.

Die Kriege in Flandern, am Rhein, und in Italien hatten unter den Preußen viele angesehene Officierer gebildet. Der Marggraf Carl, 119) welcher in Italien starb,

───────────────

gebürtig, stieg in holländischen Diensten bis zum Generalmajor, kam dann in preußische Dienste, hatte die Aufsicht über den 1699. angefangenen berlinischen Schlosbau, gieng 1718. in sächsische Dienste, und starb zu Dreßden den 4ten Jenner 1745. als General des Fußvolks, Commendant der Neustadt bey Dreßden, Chef des Ingenieurcorps, auch Generalintendant aller Fortificationen, Civil- und Militairgebäude 75. Jahr alt.

119) Carl Philipp Marggraf von Brandenburg, des Königs Friedrichs des Ersten Bruder starb 1695. den 13ten Julius vor Casal, wo er die branden-

starb, hatte bey der Schlacht von Neerwinden großen Ruhm erworben. Man schätzte den General Lottum 120) sehr hoch, er befehligte besonderen Abtheilungen des Heeres in Flandern, und ward in der Schlacht bey Malplaquet verwundet. In dieser Schlacht zeigte auch der Graf von Finkenstein 121) seine Geschicklichkeit, Er bemächtigte sich der französischen Verschantzung, und behauptete sich in derselben, ungeachtet die kaiserliche Reuterey dreymal herausgetrieben ward. In der Schlacht bey Oudenarde drang der General Ratzmer 122) an

---

burgische Völker als Generallieutenant befehligte.

120) Er starb erst 1718. den 24sten Febr. und war des itzigen Commendanten zu Berlin Großvater, siehe auch die 73ste Anmerkung.

121) Siehe oben die 97ste Anmerkung. Er war Oberhofmeister des itzigen Königs.

122) Siehe oben die sechs und siebenzigste Anmerkung.

an der Spitze der Grands Mousquetairs durch drey Linien der französischen Reuterey, und that Wunder der Tapferkeit.

Alle diese übertraf der Fürst von Anhalt. Er hatte die glänzendeste Thaten und das Zutrauen des Heeres für sich. Er rettete das styrumsche Herr bey Höchstädt, 123) durch einen wohlgeordneten Rückzug, davon wir an seinem Ort geredet haben. Er trug in dem zweyten den Franzosen so nachtheiligen Treffen bey Höchstädt viel zu Erhaltung des Sieges bey, und der Prinz Eugenius erkannte ihn als den vornehmsten Urheber des Sieges bey Turin. Dieser Fürst verband mit einer seltenen Tapferkeit sehr viele Klugheit, aber unter der Anzahl großer Eigenschaften hatte er auch solche, die nicht sehr gut waren.

So

---

123) Herrmann Otto, Reichsgraf von Styrum, kaiserlicher Generalfeldmarschall, ward von dem Marschall von Villars im Jahr 1703. den 20. Sept. überfallen, die Lebensgeschichte des Fürsten Leopolds erzählt diesen Vorfall weitläuftiger.

So waren ungefähr das Heer und die Feldherren desselben beschaffen, als Friedrich Wilhelm, der zweyte König von Preussen, den Thron bestieg. Dieser Prinz erhöhete den Sold der Völker, der Gemeine bekam monatlich zwey Thaler, außer sechs Groschen zu den Hemden, Kamaschen, Schuhen ꝛc.

Im Jahr 1714. wurden die Compagnien Fußvolk auf hundert und zwanzig Mann gesetzet. Im Jahr 1715. ward das Regiment Prinz Leopold 124) errichtet, und zwar aus den in diesem Jahr gefangenen Schweden. Alle Reutereyregimenter wurden auf fünf Schwadronen gesetzet. Zwo Compagnien machten eine Schwadron, und sechzig Reuter

---

124) Leopold Maximilian, Fürst von Anhalt Deßau, der 1751. den 16ten December als Generalfeldmarschall, Ritter des schwarzen Adlerordens, Gouverneur zu Magdeburg gestorben, erhielt das den 18ten December 1715. aus den auf der Insel Rügen gefangenen Schweden errichtete Regiment zu Fuß.

ter eine Compagnie aus. Im Jahr 1718. ward das fünf Schwadronen starke Dragoner=regiment von Schulenburg 125) errichtet. Der König vertauschte zwölf große Gefäße von japanischen Porzelän gegen ein Dragoner=regiment, das der König von Pohlen abbanken wollte. Der Obrist von Wutenow 126) bekam

---

125) Achatz von der Schulenburg, starb den 9ten August 1731. zu Berlin als Generallieutenant, Amtshauptmann zu Satzig, Erbherr auf Betzendorf und Apenburg. Das Regiment ward 1717. auf acht Compagnien aus abgegebenen Leuten errichtet, und 1718. auf fünf Schwadronen vermehrt.

126) Den 1sten May 1717. lieferte der sächsische Obrist Wichmann von Klingenberg zu Baruth die ertauschte 600. Reuter und Dragoner an den Generalmajor von Wutenow ab. Aus den darunter befindlichen Dragonern und neugeworbenen Leuten ward für den gedachten Generalmajor, welcher im May 1727. als Generallieutenant gestorben, ein Dragonerregiment errichtet.

kam daſſelbe, und man nennte es nachhero das Porzelänregiment. Im Jahr 1725. wurden die Regimenter, Schulenburg Grenadiers zu Pferde, 127) Wenſen 128) und Platen 129) verdoppelt, und jedes auf zehen Schwadronen verſtärket.

In den Jahren 1726. bis 1734. ward das Fußvolk mit einem Officier bey jeder Compagnie vermehret, und die Regimenter Doßow, 130) Thie-

---

127) Adolf Friedrich, Reichsgraf von der Schulenburg, blieb den 10ten April 1741. in der Schlacht bey Molwitz als Generallieutenant, Ritter des ſchwarzen Adlerordens ꝛc. ꝛc.

128) George Joachim von der Wenſe ſtarb als Generalmajor den 3ten Auguſt 1725. zu Cößlin.

129) Hanß Friedrich von Platen iſt als Generallieutenant 1743. den 17. May zu Morungen in Preußen geſtorben.

130) Für den Obriſten Friedrich Wilhelm von Doßow, welcher 1758. den 28ſten May auf ſeinem Gute Buſekow im 89ſten Jahre als Generalfeldmarſchall, Ritter

Thiele, 131) Mosel, 132) Bardeleben, 133) und die Battaillons von Beaufort 134) und

---

des schwarzen Adlerordens, und Gouverneur zu Wesel gestorben, ward 1729. ein neues Füselierregiment errichtet.

131) Martin von Thiele erhielt das 1728. neuerrichtete Füselierregiment, und starb den 6ten Februar 1733. als Obrister und Amtshauptmann von Cößlin und Casimirsburg.

132) 1723 ward für den Obristen Conrad Heinrich von der Mosel, welcher 1733. im August zu Wesel als Generallieutenant gestorben, ein neues Füselierregiment errichtet.

133) Hans Christoph von Bardeleben, welcher 1736 den 30sten April zu Wesel als Generallieutenant gestorben, erhielt auch eins der 1723. errichteten Füselierregimenter.

134) Alexander von Beaufort, welcher 1742. den 18ten April zu Minden als Generalmajor gestorben, erhielt 1734. ein Feldbataillon, das aus Garnisoncompagnien damals errichtet ward.

und Röseler 135) angeworben. Demnächst ward zu jedem Battaillon eine Grenadiercompagnie von hundert Mann errichtet. Die Artillerie ward in zwey Battaillons getheilet, davon eines den Dienst im Felde, und das andere in den Besatzungen zu thun bestimmt ward. Er errichtete eine Landmiliz von fünf tausend Mann, davon die Ober- und Unterofficier halben Sold genießen, und dieselbe alle Jahr vierzehn Tage zusammen kömmt, um in den Waffen geübet zu werden. Nach allen diesen Vermehrungen war das preußische Heer zwey und siebenzig tausend Mann stark, und in diesem Zustande befand es sich den 31sten May 1740. Folgende Regimenter machten dieses Heer aus,

1. Garde 3. Battaillon.
2. Cronprinz 2. Batt.

3.

---

135) Friedrich August von Roeseler, der 1738. als Generallieutenant zu Geldern gestorben, bekam 1724. ein Garnisonsbataillon das 1736. zum Feldbataillon gemacht ward.

3. **Marggraf Carl** 136) 2. Batt.
4. **Anhalt** 137) 3. Batt.
5. **Glasenapp** 138) 2. Batt.
6. **Holstein** 139) 2. Batt.

---

136) Carl Albert Friedrich, Marggraf von Brandenburg, des Johanniterordens Heermeister, und des schwarzen Adler Ordensritter starb 1762. den 22sten Junius zu Breßlau als General des Fußvolks.

137) Siehe oben die neun und achtzigste Anmerkung.

138) Caspar Otto von Glasenapp, starb den 7ten August 1747. zu Berlin als Generalfeldmarschall, Ritter des schwarzen Adler- und Johanniterordens, Gouverneur zu Berlin, Prälat zu Cammin, Erb-Burg und Schloßgeseßener zu Gramenz, Wurchow, Walm, Flackenheyde, Steicchurg, im 84sten Jahre.

139) Friedrich Wilmhelm Herzog von Holstein Beck, Generalfeldmarschall, Gouverneur zu Berlin, Ritter des schwarzen Adlerordens, starb den 11ten

7. Bredow 140) 2. Batt.
8. Flanß 141) 2. Batt.
9. Prinz Dieterich 142) 2. Batt.
10. Roeder 143) 2. Batt.

11.

November 1749. zu Königsberg im 62sten Jahre.

140) Carl Wilhelm von Bredow starb 1761. den 25sten September zu Cotbus als Generalmajor, Ritter des Ordens pour le merite, Erbherr auf Groß Lübbenau und Bischdorf im 80sten Jahre.

141) Adam Christoph von Flanß starb 1748. den 10ten Julius zu Königsberg als Generalfeldmarschall, Ritter des schwarzen Adler und Johaniterordens, Gouverneur von Memel im 85sten Jahre.

142) Dieterich Fürst von Anhalt Deßau, Ritter des schwarzen Adlerordens, lebt als Generalfeldmarschall außer Diensten noch zu Deßau.

143) Erhard Ernst von Roeder starb 1743. im October zu Königsberg als Generalfeldmarschall, Ritter des schwarzen Adlerordens, u. d. Gouverneur.

11. Graevenitz 144) 2. Batt.
12. Wedel 145) 2. Batt.
13. Marwitz 146) 2. Batt.
14. Lehwald 147) 2. Batt.
15. Doenhof 148) 2. Batt.

144) David Jürge von Graevenitz, starb als Generallieutenant und Gouverneur zu Küstrin, Ritter des Ordens pour le merite, Erbherr auf Rosenrade und Schönberg den 30sten Merz 1757. zu Küstrin.

145) Hanß von Wedel starb im May 1742. zu Kuttenberg in Böheim als Generalmajor an den in der Schlacht bey Czaßlau empfangenen Wunden.

146) Heinrich Carl von der Marwitz ist als General des Fußvolks, Gouverneur zu Colberg, Ritter des schwarzen Adlerordens den 22sten December 1744. verstorben.

147) Johann von Lehwald lebt noch als Generalfeldmarschall, Ritter des schwarzen Adlerordens.

148) Alexander, Reichsgraf von Doenhof starb den 9ten Oktober 1742. als

16. Glaubitz 149) 2. Batt.
17. Kleist 150) 2. Batt.
18. La Motte 151) 2. Batt.
19. Alt Borck 152) 2. Batt.

20.

Generallieutenant, und Erbherr auf Angerau Bünumen in Preussen.

149) George Rudolf von Glaubitz starb den ersten Oktober 1740. als Generallieutenant.

150) Alexander Henning von Kleist starb den 22sten August 1749. zu Berlin als Generalfeldmarschall, Gouverneur von Colberg, Ritter des schwarzen Adlerordens ꝛc. im 67sten Jahre.

151) August von la Chevallerie, Freyherr von la Motte, starb den 7ten December 1758. zu Magdeburg im 71sten Jahre als Generallieutenant, Gouverneur des Herzogthums Geldern, Chef der dasigen Commißion, Ritter des schwarzen Adlerordens.

152) Adrian Bernhard, Graf von Borke, Generalfeldmarschall, geheimer Staats und Cabinetsminister, Gou-

20. Schwerin 153) 2. Batt.
21. Derschau 154) 2. Batt.
22. Leps 155) 2. Batt.

verneur von Stettin, Ritter des schwarzen Adlerordens, Domprobst zu Havelberg, Amtshauptmann zu Colbatz rc. starb den 25sten May 1741. zu Berlin im 74sten Jahre.

153) Curt Christoph, Graf von Schwerin, hat den 6ten May 1757. in der Schlacht bey Prag als ältester Generalfeldmarschall, Ritter des schwarzen Adlerordens, Gouverneur von Brieg und Neiße, Amtshauptmann von Jerichow sein glorreiches Leben beschloßen,

154) Christian Reinhold von Derschau, Generalmajor, und Amtshauptann zu Zechden starb den 4ten November 1742. zu Spandau im 46sten Jahre. Er war einer der vornehmsten Lieblinge des Königs Friedrich Wilhelms.

155) Otto Friedrich von Leps, starb den 9ten October 1747. zu Soest in Westphalen im 86sten Jahre, als Ge-

23. Marggraf Heinrich 156) 2. Batt.
24. Anhalt Zerbst 157) 2. Batt.
25. Sydow 158. 2. Batt.
26. Prinz Leopold 159) 2. Batt.
27. Dohna 160) 2. Batt.

28.

---

neral des Fußvolks, Ritter des schwarzen Adlerordens ꝛc.

156) Siehe oben die 103ste Anmerkung.

157) Christian August, Fürst von Anhalt Zerbst General Feldmarschall, Gouverneur von Stettin, Ritter des schwarzen Adlerordens ꝛc. starb zu Zerbst den 16ten Merz 1747. im 57sten Jahre.

158) Egidius Ehrenreich von Sydow, General des Fußvolks, Commendant zu Berlin, Amtshauptmann zu Gibichenstein, Erbherr zu Zollen und Cratz ꝛc. starb den 8ten November 1749. zu Berlin im 80sten Jahre.

159) Siehe oben die 124ste Anmerkung.
160) Friedrich Ludwig des Heil. Röm. Reichs Burggraf und Graf zu Dohna, starb den 6ten Jenner 1749. zu We-

28. Jentz 161) 2. Batt.
29. Kalkstein 162) 2. Batt.
30. Jung Borck 163) 2. Batt.
31.

sel im 55sten Jahre als Generalfeld=
marschall, Ritter des schwarzen Adler=
ordens.

161) Joachim Christoph von Jentze
starb den 11ten September 1752. zu
Potsdam als Generalfeldmarschall,
Gouverneur von Peitz, Ritter des
schwarzen Adlerordens, Amtshaupt=
mann zu Wolmirstadt ꝛc. im 79sten
Jahre.

162) Christoph Wilhelm von Kalkstein,
Generalfeldmarschall, Ritter des schwar=
zen Adler und Johanniterordens, Gou=
verneur von Groß Glogau, Drost zu
Dinslacken, starb zu Berlin 1759. den
2ten Junius im 77sten Jahre. Von
1718. bis 1729. war er Unterhofmei=
ster des itzigen Königs.

163) George Friedrich von Borcke
starb den 9. April 1747. auf seinem
Gute Altwigshagen in Pommern als
Generallieutenant im 61sten Jahre.

31. Doßow 164) 2. Batt.
32. Kroecher 165) 1. Batt.
33. Beaufort 166) 1. Batt.
34. Artillerie 1. Batt.

Zusammen 67. Bataillons.

Reyterey:
1. Gens d'armes 5. Schwadronen.
2. Prinz Wilhelm 167) 5. Schw.
3. Leibregiment 5. Schw.
4. Leib Carabiniers 5. Schw.
5. Buddenbrock 168) 5. Schw.

6.

---

164) Siehe oben die 130ste Anmerkung.

165) George Volrath von Kröcher, starb den 28sten October 1748. zu Geldern als Generallieutenant, Gouverneur von Geldern, Amtshauptmann zu Altenstettin, Ritter des Ordens pour le merite, im 71sten Jahre.

166) Siehe die 134ste Anmerkung.

167) August Wilhelm, Prinz von Preußen, ältester Bruder des Königs, starb zu Oranienburg den 12ten Junius 1758.

6. Ratte 169) 5. Schw.
7. Bredow 170) 5. Schw.
8. Alt Waldow 171) 5. Schw.
9. Geßler 172) 5. Schw.
10.

---

168) Wilhelm Dietrich von Buddenbrock, Generalfeldmarschall, Gouverneur von Breßlau, Ritter des schwarzen Adlerordens, Amtshauptmann zu Neuhauß, Labiau, Zehden ꝛc. starb den 28sten Merz 1757. zu Breßlau im 83sten Jahre.

169) Siehe oben die 110te Anmerkung.

170) Friedrich Sigmund von Bredow, General der Reuterey, Ritter des schwarzen Adler und Johanniterordens, starb den 15ten Junius 1759. zu Frankfurt an der Oder im 77sten Jahre.

171) Arnold Christoph von Waldow, Generallieutenant, Ritter des schwarzen Adlerordens, Landdrost zu Cleve, Amtshauptmann zu Orsoy starb den 3ten April 1743. im 70sten Jahre zu Breßlau.

172) Friedrich Leopold, Graf von Geßler, Generalfeldmarschall, Ritter des

10. Marggraf Friedrich 173) 5. Schw.
11. Jung Waldow 174) 5. Schw.
12. Prinz Eugen. 175) 5. Schw.
Ueberhaupt 60. Schwadronen.
Dragoner.
1. Schulenburg 176) Grenadiers zu Pferde 10. Schwadronen.

2.

---

schwarzen Adler und Johanniterordens, Amtshauptmann zu Seheste, starb den 22sten August 1762. zu Brieg im 75sten Jahre.

173) Siehe oben die 105te Anmerkung.

174) Friedrich Sigmund von Waldow starb im May 1742. auf seinen Gütern als Generalmajor.

175) Friedrich Heinrich Eugenius, Fürst von Anhalt Deßau lebt, nachdem er 1744. die gesuchte Erlassung aus preußischen Diensten erhalten, noch itzo als chursächsischer General der Reuterey, Obrister eines Regimens zu Pferde, und Ritter des weißen Adlerordens.

176) Sie oben die 125ste Anmerkung.

2. Bayreuth 177) 10. Schw.
3. Platen 78) 10. Schw.
4. Thymen 119) 5. Schw.
5. Möllendorf 180) 5. Schw.
6. Sonßfeld 181) 5. Schw.
Zusammen 45. Schwadronen.

Hu=

---

177) Friedrich Marggraf von Brandenburg Bayreuth, Ritter des schwarzen und weißen Adler, auch Elephanten Ordens, Generalfeldmarschall des fränkischen Kreises, auch preußischer Generallieutenant starb 1763. den 26sten Februar zu Bayreuth.

178) Siehe oben die 129ste Anmerkung.

177) Christoph Friedrich von Thymen ist, nachdem er 1743. die Erlassung erhalten, als Generalmajor gestorben.

180) Friedrich Christoph von Möllendorf, Generallieutenant, Ritter des schwarzen Adler und Johanniterordens, starb den 15ten May 1747. im 67sten Jahre auf seinem Gute Hohengöhren in der Mark.

181) Friedrich Otto, Reichs Freyherr von Wittenhorst zu Sonß=

Husaren:
1. Wurm 182) 3. Schwadronen.
2. Brunikowski 183) 3. Schw.
Zusammen 6. Schwadronen.
An Garnison Battaillons.
1. Artillerie 1. Batt.
2. L'Hopital 184) zu Memel 1. Batt.

3.

---

feld starb als Generallieutenant, des Johanniterordens residirender Comthur zu Wittersheim, Drost zu Emmarich, Huyßen, und Sevenaer den 10ten Merz 1756. im 75sten Jahre.

182) Ludwig Alexander von Wurm ist 1749. gestorben, und zwar als Obrister des Garnisonregiments von Röder, zu welchem er 1741. versetzet worden.

183) Johann von Brunikowski ist als Generalmajor außer Diensten 1765. in einem Alter von 87. Jahren gestorben.

184) Ludwig von l'Hopital starb als Generallieutenant, Commendant von Memel, zu Memel den 25sten Merz 1755. im 86sten Jahre. Er war ein reformirter Franzose, und aus Champagne gebürtig.

3. Natalis 185) zu Pillau 1. Batt.
4. Sack 186) zu Colberg 1. Batt.
5. Persode 187) zu Magdeburg. 1. Batt.
Zusammen 5. Battaillons.

Das ganze Heer sowohl Fußvolk als Reuterey ward in die Städte gelegt, um die gute Mannszucht bey denselben einzuführen und zu erhalten. Der König ließ ein Reglement bekannt machen, welches jedem Officier seine Obliegenheit anwieß: er hielt selbst darauf, daß genau darauf gehalten wurde. Officierer, welche ihr Alter und die geleistete Dienste ehrwürdig machten, waren die Befehlshaber der Regimenter, und durch ihr Beyspiel und Strenge ward die Beobachtung des Gehorsams unterhalten. Der König hielt alle Jahr über die Völker Musterung, er ließ ihnen einige Waffenübungen machen, und da er selbst die Aufsicht über das Heer hatte: so ward er darinn nicht hintergangen.

F   Als

---

185) Johann von Natalis, starb den 29sten Merz 1754. als Gouverneur und Generallieutenant von Neufchatel und Valengin im 84sten Jahre.

186) Sigmund von Sack, Generalmajor, starb 1740. zu Colberg.

187) Jahann Andreas von Persode ist in Preußen als Generalmajor gestorben, nachdem er 1743. die Erlaßsung erhalten.

Als die neue Waffenübunge eingeführet wurden war den Officierern anfänglich die leicht faßliche Art, solche zu lehren, welche man in der Folge erfunden hat, völlig unbekannt. Sie redeten nur durch Stockschläge, und dadurch ward das Werk langwierig und schwer.

Man schaffte bey den Regimentern die Officierer weg, deren Aufführung oder Herkommen sich für die ehrenvolle Laufbahn, in welcher sie fortgehen sollten, nicht schickte, und seit dieser Zeit litten die Officierer nur untadelhafte Cameraden unter sich.

Man stellte die Bataillons zwar noch in vier Glieder, man feuerte aber nur drey Mann hoch. Jedes Bataillon hatte vier Abtheilungen, deren jede zwey Pelotons ausmachte. Die Grenadiercompagnie war besonders.

Der Fürst von Anhalt, welcher den Krieg als ein Handwerk gelernet, hatte wahrgenommen, daß man von den Flinten noch nicht den vortheilhaften Gebrauch machte, welchen man davon erwarten konnte. Er erfand die eiserne Ladestöcke, und die Art, die Soldaten auf eine unglaublich geschwinde Art laden zu lehren. Seit dem Jahre 1733. feuerte das erste Glied mit aufgesteckten Bajonneten.

Die

Die Waffenübungen wurden damals auf folgende Art gemachet. Zuerst ward mit dem Gewehr exerciret und geladen, als denn Pelotons und Divisionsweise gefeuert. Man rückte langsam vor, indem dieses Feuern wiederholet ward, und man zog sich fast auf eben diese Art rückwärts. Sodann wurden zwey Vierecke gemachet, welches aber eine gegen den Feind nicht thunliche Uebung war, und man machte mit einem sehr unnützen Heckefeuer den Beschluß.

Unterdessen wurden alle diese Uebungen schon mit einer solchen Genauigkeit gemachet, daß die Bewegungen eines Battaillons dem besten Uhrwerk gleich kamen.

Der König schaffte bey dem Fußvolk die Mäntel ab, und ließ desselben Kriegskleidung kürzer verfertigen. Um ihren Zug so leicht als möglich zu machen, bekam jede Compagnie zwey Packpferde, welche, wenn es zu Felde gieng, die Zelte und Decken der Soldaten trugen.

Aus Vorsicht legte der König in allen seinen Ländern Vorrathshäuser an, welche zur Zeit der Theurung den Unterthanen zu statten kamen, und dem Heere in Kriegszeiten dienslich waren.

Gegen das Jahr 1730. stieg die Begierde, große Leute zu haben, zu einem so hohen Grad, daß die Nachwelt es kaum glauben wird. Man
be-

bezahlte gemeiniglich für einen fünf rheinländische Fuß und zehn Zoll meſſenden Mann ſieben hundert Thaler. Hatte derſelben ſechs Fuß: ſo koſtete er tauſend Thaler, war er gröſſer: ſo wurde er noch viel theurer bezahlet. Bey vielen Regimentern war der kleineſte fünf Fuß und acht Zoll groß, und bey dem ganzen Heere fünf Fuß wohl gemeßen.

Um bey den Werbungen, welche in dem Lande mit großer Unordnung geſchahen, und zu tauſend Strittigkeiten zwiſchen den Regimentern Anlaß gaben, eine gewiſſe Ordnung einzuführen, theilte der König im Jahr 1733. seine Läuder in gewiſſe kleine Bezirke, und dieſe wurden den Regimentern angewieſen, um aus ſolchen in Friedenszeiten jährlich dreyßig Mann, in Kriegszeiten aber bis auf hundert Mann zunehmen. Dieſes machte das Heer unſterblich, und verſchaffte ihm ein gewiſſes Mittel, dadurch es ſeit dem beſtändig ergänzet worden.

Die Reuterey beſtand, ſo wie das Fußvolk aus ſehr großer Mannſchaft, und ritte außerordentlich hohe Pferde. Es waren Coloſſen auf Elephanten, die weder ſich gehörig zu bewegen, noch zu fechten wußten. Es gieng keine Muſterung vorbey, bey welcher nicht Reuter aus Ungeſchicklichkeit ſtürzten. Sie waren nicht Meiſter über ihre Pferde, ihre Officierer hatten keinen Begriff von dem Dienſte zu Pferde, von dem

Krie-

Kriege überhaupt, keine Kenntniß der Gegend, und sie waren von dem, was die Reuterey am Tage eines Gefechts zu thun hat, weder durch Grundsätze, noch durch die Ausübung unterrichtet.

Diese guten Officierer waren Hauswirthe, welche ihre Compagnien als gepachtete Güter ansahen, die sie so hoch als möglich nutzten.

Außer dem, was angeführt worden, hatte der lange Ruhestand den Dienst nachläßig gemachet. Bey Anfang der Regierung Friedrich Wilhelms hatte man sich damit beschäfftiget, bey den Regimentern Ordnung und Mannszucht einzuführen. Da von dieser Seite nichts mehr zu thun übrig blieb: so wendete man die Aufmerksamkeit nur auf solche Sachen, welche ins Gesicht fallen. Der Soldat mußte sein Gewehr sowohl als den Schafft glänzend machen, der Reuter seinen Zaum, und Sattel, ja selbst die Stiefeln. Die Mähnen der Pferde wurden mit Bändern geschmückt. Zuletzt artete die an sich nützliche Reinlichkeit in einen lächerlichen Mißbrauch aus. Wenn der Friede länger als bis zum 1740sten Jahr gedauert hätte: so würde glaublicher Weise der Gebrauch der Schminke und der Schönpflästerchen eingeführet worden seyn. Das vornehmste im Kriege ward, welches vorzüglich zu bedauern war, ganz und gar vernachläßiget, und unsere Beurtheilungskraft ward täglich durch die Beschäftigung mit Kleinigkeiten geringer.

Unerachtet aller dieser Mißbräuche war das Fußvolk gut, es regierte bey demselben eine strenge Mannszucht und eine große Ordnung, aber die Reuterey war ganz und gar vernachläßiget. Der König hatte in der Schlacht bey Malplaquet die kaiserliche Reuterey dreymal zurücktreiben sehen, und in den Belagerungen von Menin, Tournay, und Stralsund, welchen er beygewohnet, hatte sie auch keine Gelegenheit, sich hervor zu thun, gefunden. Der Fürst von Anhalt war gegen dieselbe fast mit gleichen Vorurtheilen eingenommen. Er kounte es der Reuterey des Styrums 188) nicht vergeben, daß durch sie die erste Schlacht bey Höchstädt verlohren worden, und er bildete sich ein, daß diese Gattung von Völkern so veränderlich sey, daß man gar keine Rechnung auf dieselbe machen könne. Diese unglückliche Vorurtheile waren unserer Reuterey so schädlich, daß sie ohne Mannszucht blieb, und folglich, als man sie in der Folge nöthig hatte, nicht zu gebrauchen war.

Die Officierer bey dem Fußvolk beschäfftigten sich sehr mit ihrem Handwerk. Die von der Reuterey, welche mehrentheils in kleinen Städ-

---

188) Siehe oben die 123ste Anmerkung.

Städten lagen, hatten weniger Einsicht und Lebhaftigkeit als die übrigen. Unter den Generalen waren mehr tapfere Männer, als fähige Köpfe. Der einzige Fürst von Anhalt war im Stande ein Heer anzuführen. Er wuste es, und zog von diesem Vorzuge allen Vortheil, um sich mehr nothwendig zu machen, und über die andern zu erheben.

Während der Regierung des Königs wurden die Festungswerke von Magdeburg und Wesel vollendet, und die von Stettin angefangen. Der Obrist von Walrawe 189) hatte die Aufsicht, stand aber unter dem Fürsten von Anhalt.

Der König errichtete ein Ingenieurcorps, das aus dreyßig Köpfen bestand, die durch diese Festungsbaue gebildet wurden. Er füllete sein

---

189) Gerhard Cornelius von Walrawe, Generalmajor, Obrist eines Regiments Pionniers, Chef des Ingenieurcorps, kam aus holländischen Diensten als Hauptmann in preußische. König Friedrich Wilhelm adelte ihn, und gab ihm den Orden de la Generosité, der itzige aber den pour le merite, die Generalmajors Würde und das Regiment. 1748. kam er in Ungnade, und lebt noch in der Sternschanze vor Magdeburg.

sein Zeughauß mit Geschütz, das sowohl im Felde als in Belagerungen zu gebrauchen war. Bey der Artillerie hatte er vortrefliche Officierer, und durch die Cadets, diese Pflanzschule der Officierer, wurden bey dem Heere die durch den Todt gemachte Lücken gefüllet. Solches gieng um so viel besser an, da diese junge Leute aus einer Kriegsschule kamen, wo sie alle einem Officier nöthige Kentnisse erlangt hatten.

Einen solchen Fortgang hatte das preußische Kriegswesen bis zu dem Tode des letztern Königs. Man könnte auf diese Völker das anwenden, was Vegecius von der römischen Kriegsmacht saget: „Sie siegten durch ihre Ordnung und Mannszucht über die Kriegslist der Griechen, die Stärke der Deutschen, die Größe der Gallier, und alle Völker der Erde."